1년 52주 테마별 비전공과
only Jesus
예수님과함께
비전공과
재미있게 배워요~^^
테마3
나의 구원자
예수님
JN441539
1학기
전학년
(1~6학년)
어린이용
크리스천리더

예수님과 함께 비전공과 전학년(어린이용)
[테마3] 1학기

초판 1쇄 발행 | 2019. 12. 1
초판 2쇄 인쇄 | 2021. 1. 10
총 감수 | 최만호 목사
교재 집필위원 | 정신일 김선미 이지선
자문위원 | 천준호 정신일 김영수 김동진 표경운 송지헌 최만호
남선우 정풍군
펴낸 곳 | 크리스천리더
편 집 | 이지선
교 정 | 성주희
일부 총판 | 생명의 말씀사 (02) 3159-7979
등 록 | 제 2-2727호(1999. 9.30)
주 소 | 부천시 원미구 중동 1289번지 팰리스카운티 아이파크상가 3층
전 화 | (032) 342-1979
팩 스 | (032) 343-3567
도서 출간 상담 | E-mail:chmbit@hanmail.net
Homepage | www.cjesus.co.kr

ISBN : 978-89-6594-287-0 04230
ISBN : 978-89-6594-228-3 (세트)

정가 : 3,800원

목 차

[비전공과 테마3] 1학기 과정

1단원 나의 구원자 예수님

2단원 믿음을 본받을래요

1과 죄의 결과와 생명

1. **성경본문** | 로마서 6:23

2. **외울 말씀** | “죄의 삯은 사망이요 하나님의 은사는 그리스도 예수 우리 주 안에 있는 영생이니라” (로마서 6:23)

3. **공과 주제** |

   1. 죄가 무엇인지 깨달을 수 있습니다.
   2. 죄의 결과가 무엇인지 알 수 있습니다.

외울말씀
크리스천리더가스펠챈트1

죄

죄

죄

죄

1. 말씀 찾기

성경이 말하는 죄는 무엇인지 성경구절을 찾아봅시다.

찾아볼 성경 말씀	성경이 말하는 죄
야고보서 4:17	
야고보서 1:15	
로마서 5:19	
잠언 21:4	

2. 몸풀기

'사격게임'을 해봅시다. 게임 방법은 선생님께 들으세요.

3. 생각해 보기

내가 생각하는(우리반이 생각하는) 세상에서 가장 나쁜 죄 5가지를 적어봅시다.

4. 성경속으로

1. 오른쪽 나무 열매에 죄라고
   생각하는 것들을 적어 봅시다.
   죄는 무엇이고 어디서 왔을까요?
   성경 말씀을 찾아 아래 ○에 채워 봅시다.

죄의 기원 :   으로 말미암아 죄가 세상에 들어오고 (롬 5:12)

2. 죄를 지은 사람은 어떻게 되나요? 혹시 죄를 안 지은 사람도 있을까요?
   성경구절을 채워봅시다.

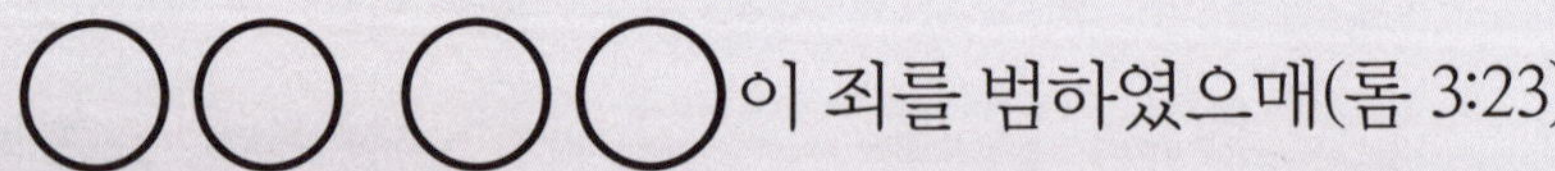

○○ ○○이 죄를 범하였으매(롬 3:23)

죄의 삯은 ○○이요(롬 6:23)

5. 성경 Action

1. 나는 죄인인가요, 의인인가요?

2. 죄를 이길 수 있는 방법은
   무엇이 있을까요?

2과 죄 사함의 은혜

1. **성경본문** | 로마서 3:23~24

2. **외울 말씀** | "모든 사람이 죄를 범하였으매 하나님의 영광에 이르지 못하더니 그리스도 예수 안에 있는 속량으로 말미암아 하나님의 은혜로 값 없이 의롭다 하심을 얻은 자 되었느니라" (로마서 3:23~24)

3. **공과 주제** |
   1. 내가 하나님의 진노를 피할 수 없음을 알 수 있습니다.
   2. 내 힘으로는 죄사함을 받을 수 없음을 깨달을 수 있습니다.
   3. 죄사함이 얼마나 큰 은혜인지 고백할 수 있습니다.

외울말씀
크리스천리더가스펠챈트2

1. 말씀 찾기

성경이 말하는 죄사함은 무엇인지 성경구절을 찾아봅시다.

찾아볼 성경 말씀	성경이 말하는 죄사함
누가복음 5:20	
골로새서 2:13	
마태복음 18:35	
요한일서 1:9	

2.몸풀기

'고무줄 게임'을 해봅시다.

게임 방법은 선생님께 들으세요.

3. 생각해 보기

빚을 진 두 사람이 있습니다. 둘 다 똑같이 탕감을 받았습니다.

누가 더 고마워하고 감사해 할까요? 또한 그 이유는 무엇인가요?

4. 성경속으로

1. 만달란트 탕감받은 종은 만달란트를 용서받았는데 왜 백데나리온 빚진 사람을 용서하지 못했을까요? 그림 속에서 글자를 찾아 답을 적어보세요.

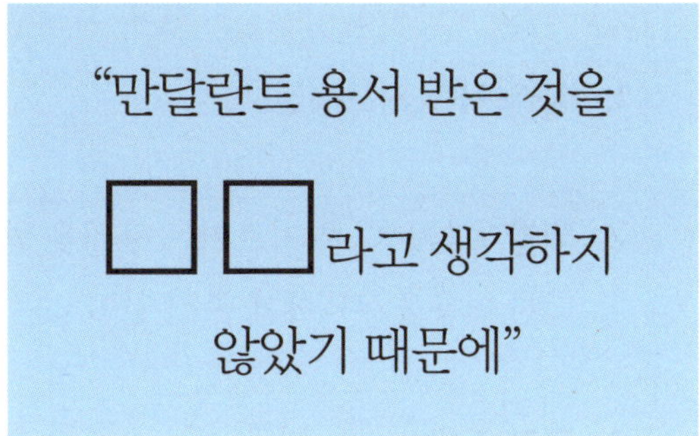

2. 죄인은 죄의 대가를 치러야 합니다. 그런데 내 힘으로는 절대 죄의 대가를 치를 수 없습니다. 어떻게 해야 죄를 용서받을 수 있는지 아래의 그림을 보면서 빈칸에 답을 채워보세요.

하나님의 [ㅈ] [ㄴ]

십자가의 [ㅇ] [ㅎ]

5. 성경 Action

1. 나는 예수님이 나의 구원자라는 사실을 믿나요?

2. 내가 하나님의 자녀로 살아간다는 것은 어떻게 살아가는 것을 의미하는 것일까요?

3과 구원받을 이름 예수님

1. **성경본문** | 사도행전 4:12

2. **외울 말씀** | "다른 이로써는 구원을 받을 수 없나니 천하 사람 중에 구원을 받을 만한 다른 이름을 우리에게 주신 일이 없음이라 하였더라" (사도행전 4:12)

3. **공과 주제** |

   1. 구원이 무엇인지 알 수 있습니다.
   2. 내 노력으로는 구원을 얻을 수 없음을 깨달을 수 있습니다.
   3. 오직 예수님의 이름으로만 구원받을 수 있습니다..

외울말씀
크리스천리더가스펠챈트3

1. 말씀 찾기

성경이 말하는 구원자는 누구인지 성경구절을 찾아봅시다.

찾아볼 성경 말씀	성경이 말하는 구원자
출애굽기 3:8	
사사기 2:16	
역대하 34:33	

2. 몸풀기

'사인받기 게임'을 해봅시다.

게임 방법은 선생님께 들으세요.

번호	미션	사인
1	"사랑합니다"라고 말하기	
2	업어주기	
3	윙크하기	
4	칭찬 3가지 하기	
5	하트 만들어주기	
6	악수하기	
7	엄지척 하기	
8	"눈이 예뻐요"라고 말하기	
9	"고마워요"라고 말하기	
10	"괜찮아, 잘하고 있어" 라고 말하기	

3. 생각해 보기

아래의 그림들은 무엇을 할 때 쓰는 걸까요?

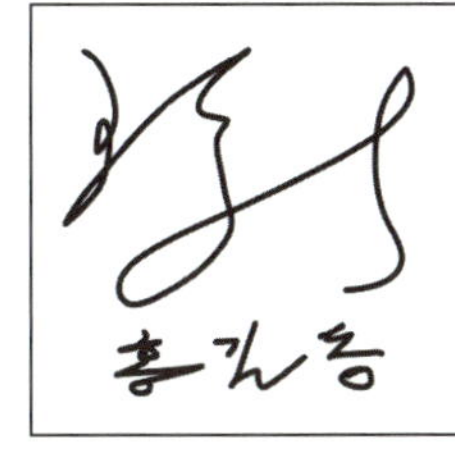

4. 성경속으로

1. 구원은 무엇인가요? 아래의 그림을 보면서 빈칸을 채워보세요.

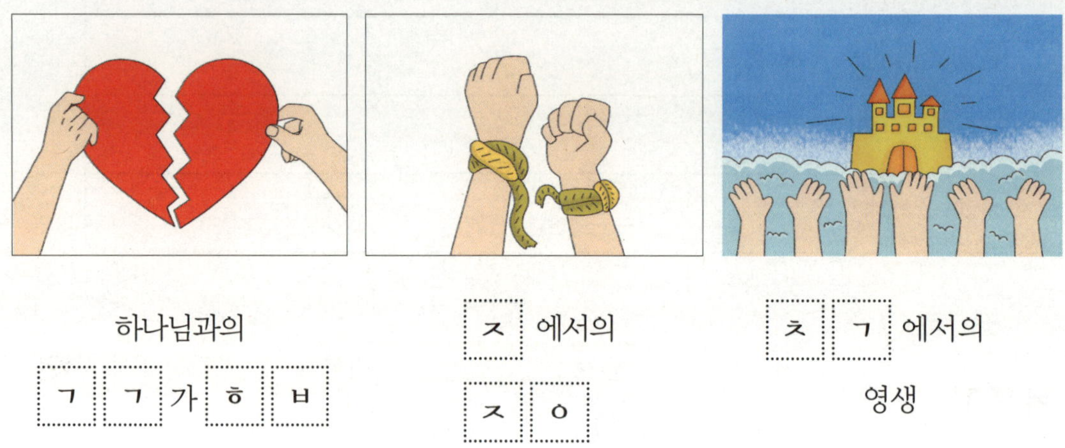

2. 성경이 말하는 구원의 방법은 무엇인가요? 제시된 성경구절에서 찾아보세요.

1	출애굽기 12:23	
2	사사기 2:16	
3	마태복음 9:22	
4	사도행전 2:21	

3. 예수님의 이름의 뜻은 무엇인가요? 성경구절을 찾아 빈칸을 채워보세요 (마 1:21).

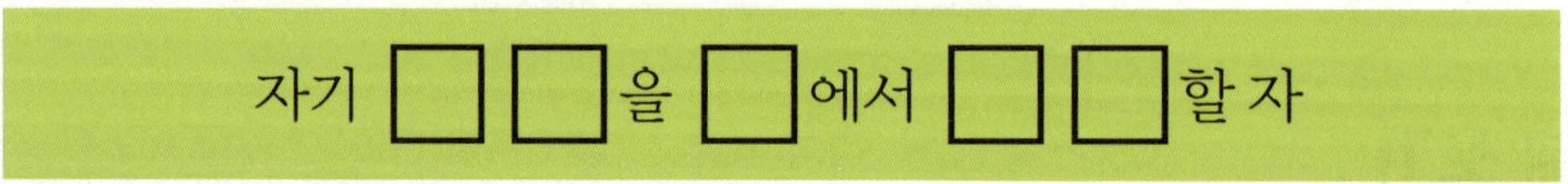

5. 성경 Action

1. 구약과 신약에서의 구원의 방법은 어떤가요?

2. 구원은 내 노력으로 얻을 수 있을까요?

4과 길과 진리와 생명되신 예수님

외울말씀
크리스천리더가스펠챈트4

1. **성경본문** | 요한복음 14:6

2. **외울 말씀** | "예수께서 이르시되 내가 곧 길이요 진리요 생명이니 나로 말미암지 않고는 아버지께로 올 자가 없느니라" (요한복음 14:6)

3. **공과 주제** |

   1. 구원을 얻는 길은 오직 하나라는 사실을 알 수 있습니다.
   2. 세상이 말하는 구원의 길로는 구원을 얻을 수 없음을 깨달을 수 있습니다.
   3. 예수 그리스도만이 우리의 유일한 중보자이심을 고백할 수 있습니다.

1. 말씀 찾기

성경이 말하는 구원자 예수 그리스도는 무엇인지 성경구절을 찾아봅시다.

찾아볼 성경 말씀	성경이 말하는 구원자 예수그리스도
이사야 7:14	
이사야 53:6	
미가 5:2	

2. 몸풀기

'미로찾기 게임'을 해봅시다. 게임 방법은 선생님께 들으세요.

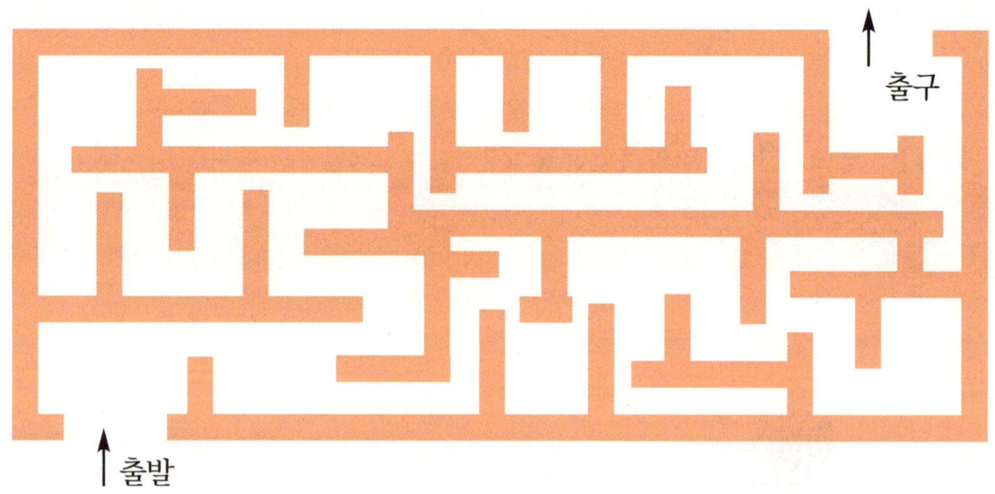

3. 생각해 보기

네 사람이 제주도 여행을 각자 다른 방법으로 가려고 합니다. 여러분은 어떤 방법으로 가기를 원하고 왜 그 방법으로 가려고 하는지 이유를 설명해 보세요.

1시간 20만원 | 4시간 10만원 | 일주일 2만원 | 1달 0원

4. 성경속으로

1. 다음 세 가지 질문에 대해 생각해보고 적어봅시다.
   ① 다른 종교에도 구원이 있을까요?
   ② 다른 구원의 길은 없나요?
   ③ 왜 예수님만이 우리의 유일한 구원자인가요?

① 역대하 25:14~15

② 갈라디아서 2:21

③ 요한복음 14:6
사도행전 4:12

2. 중보자가 될 수 있는 자격요건은 무엇인가요?

ㅊ ㅇ ㄱ	ㅊ ㅎ ㄴ ㄴ
아들을 낳기까지 동침하지 아니하더니 낳으매 이름을 예수라 하니라 (마 1:25)	마침 구름이 와서 그들을 덮으며 구름 속에서 소리가 나되 이는 내 사랑하는 아들이니 너희는 그의 말을 들으라 하는지라 (막 9:7)

5. 성경 Action

범죄한 인간들은 행복하려고 노력했습니다. 아래의 그림 중 구멍 난 사람의 마음을 채울 수 있는 것이 있나요? 없다면 그것은 무엇인가요?

5과 거듭남의 비밀

1. **성경본문** | 요한복음 3:5

2. **외울 말씀** | "예수께서 대답하시되 진실로 진실로 네게 이르노니 사람이 물과 성령으로 나지 아니하면 하나님의 나라에 들어갈 수 없느니라" (요한복음 3:5)

3. **공과 주제** |
   1. 거듭남이 무엇인지 알 수 있습니다.
   2. 어떻게 거듭날 수 있는지 깨달을 수 있습니다.
   3. 거듭남으로 나의 신분이 하나님의 자녀로 변화되었음을 고백할 수 있습니다.

외울말씀
크리스천리더가스펠챈트5

1. 말씀 찾기

성경이 말하는 거듭난 사람들은 누구인지 성경구절을 찾아봅시다.

찾아볼 성경 말씀	성경이 말하는 거듭난 사람들
요한복음 4:29, 42	
요한복음 9:38	
사도행전 9:20	
사도행전 10:2	

2. 몸풀기

'동물 가위바위보 게임'을 해봅시다.

게임 방법은 선생님께 들으세요.

3. 생각해 보기

왕자는 어떻게 살아갈까요? 거지는 어떻게 살아갈까요?

이 둘은 어떤 차이가 있을까요?

만약 이 둘의 모습이 바뀐다면 어떻게 살아가야 할까요? 이야기를 나누어 봅시다.

4. 성경속으로

1. 바울이 거듭날 수 있었던 이유는 무엇인가요?
   (사도행전 9:15)

예수님을 □□

2. 빌립보 감옥의 간수가 거듭날 수 있었던 이유는 무엇인가요? (사도행전 16:31~34)

말씀을 □□

3. 거듭난 사람은 어떻게 변할까요? 아래 단어를 채워서 써 봅시다.

바울	십자가의 핍 ㅂ ㅈ → 십자가의 ㅈ ㄷ ㅈ
모세	세상을 ㅅ 랑 → 하늘의 것을 ㅅ ㄹ

5. 성경 Action

우리는 거듭났나요? 아래의 빈칸을 채워보고 믿고 시인해봅시다.

거듭났나요? 롬 10:10, 고전12:3	마음으로 □□, 입으로 □□
구원의 조건 딛 3:5	구원은 우리의 의로운 □□에 있지 않아요. 오직 그의 □□
구원의 이유 엡 2:8~9	구원은 하나님의 □□. 왜? □□하지 못하게 하려고

6과 예수님을 영접해요

1. **성경본문** | 요한계시록 3:20

2. **외울 말씀** | "볼지어다 내가 문 밖에 서서 두드리노니 누구든지 내 음성을 듣고 문을 열면 내가 그에게로 들어가 그와 더불어 먹고 그는 나와 더불어 먹으리라" (요한계시록 3:20)

3. **공과 주제** |
   1. 영접함이 무엇인지 알 수 있습니다.
   2. 내 삶의 주인이 내가 아님을 깨달을 수 있습니다.
   3. 영접함으로 하나님의 자녀가 되었음을 고백할 수 있습니다.

외울말씀
크리스천리더가스펠챈트6

1. 말씀 찾기

성경이 말하는 영접함이란 무엇인지 성경구절을 찾아봅시다.

찾아볼 성경 말씀	성경이 말하는 영접함이란
마태복음 18:5	
누가복음 19:6	
요한복음 1:12	
요한복음 13:20	

2. 몸풀기

'따라하기 게임'을 해봅시다.

게임 방법은 선생님께 들으세요.

3. 생각해 보기

내가 내 마음의 중심이 되어 살아가는 것과 예수님이 내 마음의 중심이 되어 살아가는 것의 차이는 무엇일까요? 아래의 그림을 참고하여 이야기해봅시다.

내가 나의 주인인 사람

예수 그리스도가 나의 주인인 사람

4. 성경속으로

1. 삭개오가 예수님을 영접한 후 그에게 어떤 변화가 일어났나요? (누가복음 19:8)

2. 초대교회 성도들은 예수님을 영접한 후 어떤 행동을 했나요? (사도행전 2:45)

3. 예수님을 영접한다는 것은 무엇을 의미하나요? 아래의 그림을 보고 답해보세요.

5. 성경 Action

1. 영접하는 사람에게는 하나님의 자녀가 되는 권세를 주신다고 하셨습니다. 나는 하나님의 자녀로, 성경의 가치로 살아가고 있나요? 어떻게 사는 것이 하나님의 자녀로, 성경의 가치로 사는 것인지 이야기해봅시다.

2. 나는 내 삶의 명의를 예수님께 이전했나요? 함께 생각해봅시다.

7과 회개 시키러 오신 예수님

1. 성경본문 | 누가복음 5:32

2. 외울 말씀 | “내가 의인을 부르러 온 것이 아니요 죄인을 불러 회개시키러 왔노라”
(누가복음 5:32)

3. 공과 주제 |

1. 회개가 무엇인지 알 수 있습니다.
2. 회개는 되돌아서는 것임을 깨달을 수 있습니다.
3. 나의 죄를 고백하고 하나님의 자녀임을 고백할 수 있습니다.

외울말씀
크리스천리더가스펠챈트7

1. 말씀 찾기

성경이 말하는 회개의 선포는 무엇인지 성경구절을 찾아봅시다.

찾아볼 성경 말씀	성경이 말하는 회개의 선포
에스겔 18:30	
요나 3:4	
마태복음 3:2	

2. 몸풀기

'다리찢기 가위바위보 게임'을 해봅시다. 게임 방법은 선생님께 들으세요.

3. 생각해 보기

다음 글을 읽고 서로의 생각을 함께 나누어 보세요.

탈무드에 다음과 같은 글이 있습니다. 어떤 랍비가 제자들에게 물었다.
"두 아이가 굴뚝 청소를 하고 나왔는데, 한 아이의 얼굴은 시커멓게 그을려 있었고, 다른 아이의 얼굴은 그을음 하나 없이 깨끗했네. 두 아이 중 누가 얼굴을 씻었겠는가?"

4. 성경속으로

1. 성경에는 두 부류의 사람이 등장합니다. 두 사람의 차이점은 무엇인가요? (누가복음 18:11~13)

세리 : ㅈ ㅇ 인정 바리새인 : ㅇ ㅇ 인정

2. 아래의 글과 그림을 보면서 예수님이 하신 말씀의 의미가 무엇인지 서로 나눠봅시다.

안식일에 예수께서 한 바리새인 지도자의 집에 떡 잡수시러 들어가시니 그들이 엿보고 있더라 주의 앞에 수종병 든 한 사람이 있는지라 예수께서 대답하여 율법교사들과 바리새인들에게 이르시되 안식일에 병 고쳐 주는 것이 합당하냐 아니하냐 그들이 잠잠하거늘 예수께서 그 사람을 데려다가 고쳐 보내시고 또 그들에게 이르시되 너희 중에 누가 그 아들이나 소가 우물에 빠졌으면 안식일에라도 곧 끌어내지 않겠느냐 하시니 그들이 이에 대하여 대답하지 못하니라

5. 성경 Action

1. 예수님께서 공생애를 시작하시면서 제일 먼저 외치셨던 것은 무엇인가요?

2. 예수님은 우리의 모든 죄를 용서해 주셨는데 왜 우리는 매일 회개해야 하나요?

8과 죄 고백과 용서

외울말씀
크리스천리더가스펠챈트8

1. **성경본문** | 요한일서 1:9

2. **외울 말씀** | "만일 우리가 우리 죄를 자백하면 그는 미쁘시고 의로우사 우리 죄를 사하시며 우리를 모든 불의에서 깨끗하게 하실 것이요" (요한일서 1:9)

3. **공과 주제** |
    1. 회개와 후회의 차이를 알 수 있습니다.
    2. 하나님께서는 죄를 고백하는 사람을 용서해 주신다는 것을 깨달을 수 있습니다.
    3. 예수님만이 나의 죄를 용서해 주시는 분임을 고백할 수 있습니다.

1. 말씀 찾기

성경이 말하는 죄 고백은 무엇인지 성경구절을 찾아봅시다.

찾아볼 성경 말씀	성경이 말하는 죄 고백
사사기 10:15~16	
에스라 10:2~3	
역대하 33:12	
누가복음 15:18	

2. 몸풀기

'고백점프(Go Back Jump) 게임'을 해봅시다. 게임 방법은 선생님께 들으세요.

3. 생각해 보기

다음과 같은 상황일 때 우리는 누구를 찾아야 할까요? 또한 이 사람들을 찾는 이유는 무엇인가요?

아래 그림을 보고 각 상황에 맞게 누구를 찾아야 하는지 선을 그어 연결해 봅시다.

배고플 때 · 물건을 도둑 맞았을 때 · 위급한 상황이 생겼을 때

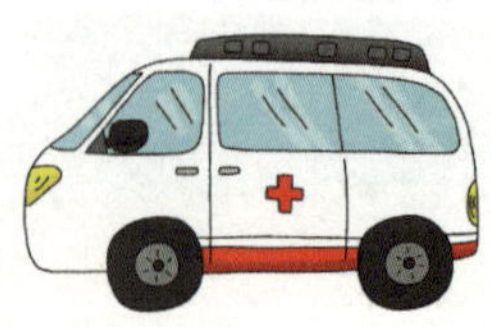

4. 성경속으로

1. 사울과 다윗은 하나님께 죄를 지었습니다. 그런데 하나님은 왜 다윗은 용서하시고 사울은 용서하지 않으셨나요? 아래의 그림을 보고 생각해보아요.

사울은 ㅂ ㅁ

다윗은 ㅈ ㄱ ㅂ

2. 사도 베드로와 가롯 유다의 차이는 무엇인가요?

베드로 → ㅎ ㄱ

가롯 유다 → ㅎ ㅎ

5. 성경 Action

1. 회개와 후회의 차이는 무엇인가요?

2. 나는 후회하는 사람인가요, 아니면 회개하는 사람인가요?

9과 믿음의 대상

외울말씀
크리스천리더가스펠챈트9

1. **성경본문** | 요한복음 3:16~17

2. **외울 말씀** | "하나님이 세상을 이처럼 사랑하사 독생자를 주셨으니 이는 그를 믿는 자 미다 멸망하지 않고 영생을 얻게 하려 하심이라 하나님이 그 아들을 세상에 보내신 것은 세상을 심판하려 하심이 아니요 그로 말미암아 세상이 구원을 받게 하려 하심이라" (요한복음 3:16~17)

3. **공과 주제** |
   1. 성경이 말하는 믿음이 무엇인지 알 수 있습니다.
   2. 영원히 변함이 없으신 하나님만이 유일한 믿음의 대상임을 깨달을 수 있습니다.
   3. 나는 하나님만 믿는다고 고백할 수 있습니다.

1. 말씀 찾기

성경이 말하는 믿음의 대상은 무엇인지 성경구절을 찾아봅시다.

찾아볼 성경 말씀	성경이 말하는 믿음의 대상
출애굽기 32:4	
민수기 25:2~3	
사사기 2:13	
사도행전 17:23	

2. 몸풀기

'흔들리는 믿음잡기 / 믿어주세요! 게임'을 해봅시다. 게임 방법은 선생님께 들으세요.

3. 생각해 보기

사람은 저마다 믿는 것이 있습니다. 아래의 종교들은 무엇을 믿고 따르는지 적어봅시다.

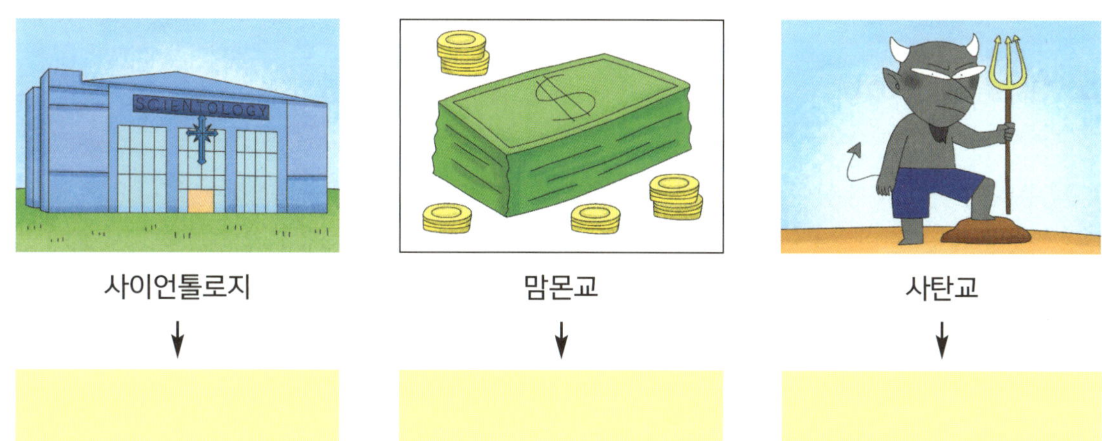

사이언톨로지 ↓

맘몬교 ↓

사탄교 ↓

4. 성경속으로

1. 아래의 그림 중 어느 것이 믿기 쉬울까요? 또 왜 그렇게 생각하는지 이유를 나눠봅시다.

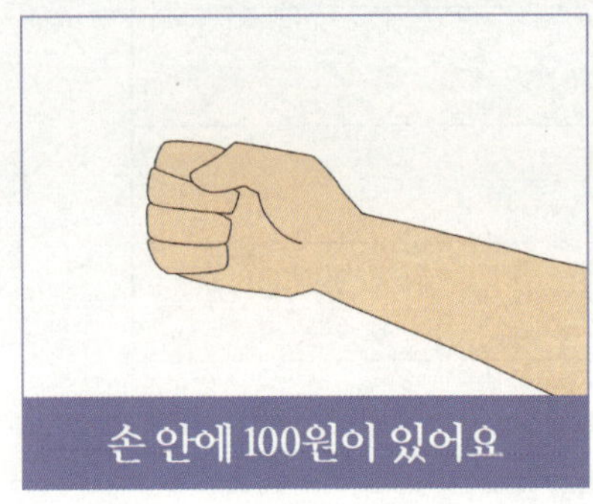
손 안에 100원이 있어요

손바닥에 200원이 있어요

2. 성경은 믿음이 무엇이라고 설명하고 있나요? 아래의 상자에서 단어를 완성해보세요.

믿음은 우리가 바라는 것들에 대해서 [ㅎ][ㅅ][ㅎ][ㄴ] 것입니다.

또한 보이지는 않지만 그것이 [ㅅ][ㅅ] 임을 [ㅇ][ㄴ] 것입니다. (히 11:1) (쉬운성경)

3. 성경은 우리의 믿음의 대상이 누구라고 말하고 있나요?

마가복음 11:22	요한복음 14:1	로마서 8:9
ㅅ ㅇ ㅇ ㅊ ㅎ ㄴ ㄴ		

5. 성경 Action

1. 왜 우리의 믿음의 대상이 하나님만 될까요? 이 세상의 것은 믿을 만한 것이 없나요?

2. 하나님보다 더 좋아하는 것은 무엇인가요? 그것을 내려놓기 위해 나는 무엇을 해야할까요?

10과 믿음의 방법

외울말씀
크리스천리더가스펠챈트10

1. **성경본문** | 로마서 10:9~10

2. **외울 말씀** | "네가 만일 네 입으로 예수를 주로 시인하며 또 하나님께서 그를 죽은 자 가운데서 살리신 것을 네 마음에 믿으면 구원을 받으리라 사람이 마음으로 믿어 의에 이르고 입으로 시인하여 구원에 이르느니라" (로마서 10:9~10)

3. **공과 주제** |
    1. 말씀을 들음으로 믿음을 가질 수 있음을 알 수 있습니다.
    2. 먼저 믿음의 길을 걸어간 사람에게서 배우는 것이 지혜로움이라는 사실을 깨달을 수 있습니다.
    3. 나의 믿음을 나의 입술로 시인할 수 있습니다.

1. 말씀 찾기

성경이 말하는 믿음의 사람과 불신의 사람은 무엇인지 성경구절을 찾아봅시다.

찾아볼 성경 말씀	성경이 말하는 믿음의 사람과 불신의 사람
요한복음 4:41	
요한복음 20:29	
사도행전 7:57	
사도행전 28:24	

2. 몸풀기

'믿음을 지켜라 게임'을 해봅시다.

게임 방법은 선생님께 들으세요.

3. 생각해 보기

세상은 점점 하나님을 믿지 못하게 우리를 유혹합니다. 이런 유혹에서 이겨내려면 우리는 어떻게 무장해야 할까요? 성경을 찾아 아래의 전신갑주 명칭을 적어보세요(엡 6:13~17).

4. 성경속으로

1. 믿음의 선배들이 보여준 믿음의 길을 따라가볼까요? 히브리서 11장을 보면서 어떤 믿음의 선배들을 설명하는지 맞는 내용과 맞는 이름에 선을 그어봅시다.

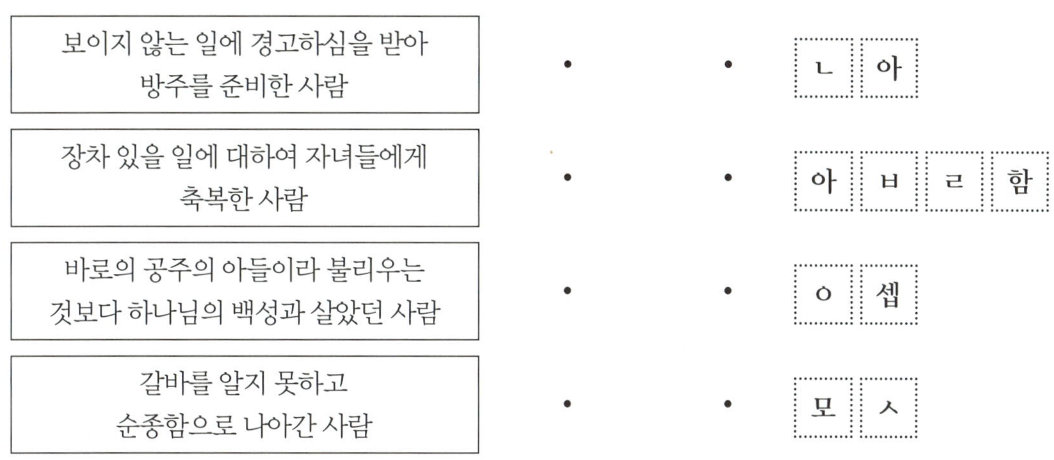

2. 하나님께서 그리스도인들에게 주시는 최고의 선물은 무엇일까요?
아래의 문제를 풀면서 답을 맞춰보아요.

5. 성경 Action

1. 여러분은 하나님께서 말씀으로 세상을 창조하신 것과 예수 그리스도가 나의 죄를 위해 십자가에서 죽으신 사실을 믿나요?

2. 하나님의 말씀을 믿으려면 우리는 어떻게 해야 할까요?

11과 예수 믿음으로 생기는 변화

1. **성경본문** | 요한복음 5:24

2. **외울 말씀** | "내가 진실로 진실로 너희에게 이르노니 내 말을 듣고 또 나 보내신 이를 믿는 자는 영생을 얻었고 심판에 이르지 아니하나니 사망에서 생명으로 옮겼느니라" (요한복음 5:24)

3. **공과 주제** |
   1. 믿는 자의 변화가 무엇인지 알 수 있습니다.
   2. 예수님을 믿는 사람들은 불신자들과 구별되어야 함을 깨달을 수 있습니다.
   3. 예수 믿는 어린이답게 말하고 행동할 수 있습니다.

외울말씀
크리스천리더가스펠챈트11

4. 성경속으로

1. 믿음의 선배들이 보여준 믿음의 길을 따라가볼까요? 히브리서 11장을 보면서 어떤 믿음의 선배들을 설명하는지 맞는 내용과 맞는 이름에 선을 그어봅시다.

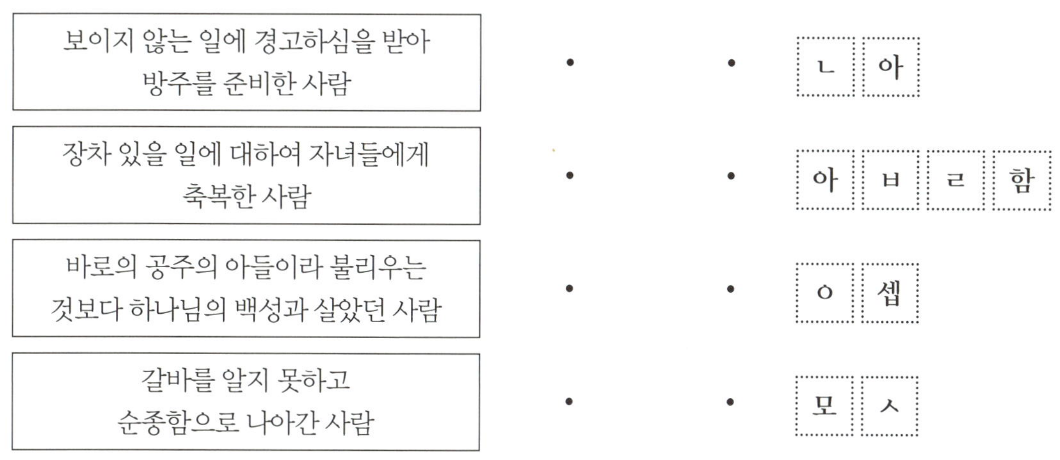

2. 하나님께서 그리스도인들에게 주시는 최고의 선물은 무엇일까요?
아래의 문제를 풀면서 답을 맞춰보아요.

정답 :

5. 성경 Action

1. 여러분은 하나님께서 말씀으로 세상을 창조하신 것과 예수 그리스도가 나의 죄를 위해 십자가에서 죽으신 사실을 믿나요?

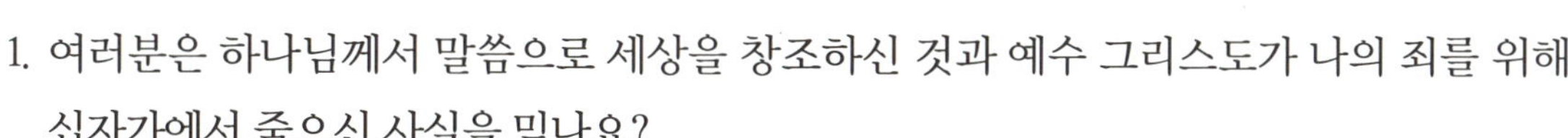

2. 하나님의 말씀을 믿으려면 우리는 어떻게 해야 할까요?

11과 예수 믿음으로 생기는 변화

1. **성경본문** | 요한복음 5:24

2. **외울 말씀** | "내가 진실로 진실로 너희에게 이르노니 내 말을 듣고 또 나 보내신 이를 믿는 자는 영생을 얻었고 심판에 이르지 아니하나니 사망에서 생명으로 옮겼느니라" (요한복음 5:24)

3. **공과 주제** |
   1. 믿는 자의 변화가 무엇인지 알 수 있습니다.
   2. 예수님을 믿는 사람들은 불신자들과 구별되어야 함을 깨달을 수 있습니다.
   3. 예수 믿는 어린이답게 말하고 행동할 수 있습니다.

외울말씀
크리스천리더가스펠챈트11

1. 말씀 찾기

성경이 말하는 변화되지 않은 사람은 무엇인지 성경구절을 찾아봅시다.

찾아볼 성경 말씀	성경이 말하는 변화되지 않은 사람
마태복음 23:23	
사도행전 1:25	
사도행전 5:3	

2. 몸풀기

'디비디비딥 게임'을 해봅시다. 게임 방법은 선생님께 들으세요.

3. 생각해 보기

1. 내가 자주 많이 사용하는 말을 적어보세요
(특정 단어도 상관없고, 부정적인 말, 긍정적인 말, 칭찬의 말, 불평의 말 등을 적으면 됩니다.).

2. 내가 가장 듣고 싶은 말은 무엇인가요?

4. 성경속으로

1. 아래의 성경구절을 찾아보면서 어떤 기적이 있었는지 적어보고, 오늘날도 성경에 나타난 기적이 일어난다면 사람들이 하나님을 믿을지 생각해봅시다.

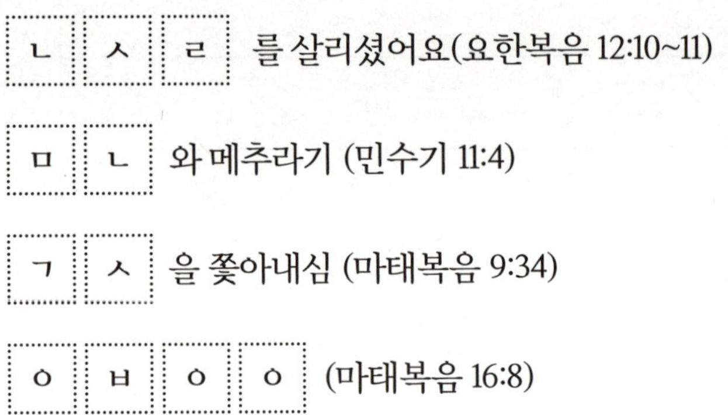

ㄴ ㅅ ㄹ 를 살리셨어요(요한복음 12:10~11)

ㅁ ㄴ 와 메추라기 (민수기 11:4)

ㄱ ㅅ 을 쫓아내심 (마태복음 9:34)

ㅇ ㅂ ㅇ ㅇ (마태복음 16:8)

2. 절대로 변할 것 같지 않았던 바울이 변할 수 있었던 이유는 무엇이고 바울은 어떻게 변화되었는지 아래의 그림을 보면서 생각해보아요.

5. 성경 Action

1. 예수님을 믿는 그리스도인들의 모습이 세상에서 손가락질을 받는 이유는 무엇일까요?

2. 나는 그리스도인답게 말하고 행동하고 있나요? 내가 그리스도인답게 살지 못하는 이유는 무엇일까요?

12과 예수 안에 평안을 누리자

1. **성경본문** | 요한복음 14:27

2. **외울 말씀** | "평안을 너희에게 끼치노니 곧 나의 평안을 너희에게 주노라 내가 너희에게 주는 것은 세상이 주는 것과 같지 아니하니라 너희는 마음에 근심하지도 말고 두려워하지도 말라" (요한복음 14:27)

외울말씀
크리스천리더가스펠챈트12

3. **공과 주제** |
   1. 평안을 주시는 예수님이 누구신지 알 수 있습니다.
   2. 주님이 주시는 평안은 조건에 달려 있지 않음을 깨달을 수 있습니다.
   3. 예수님을 바라봄으로 평안할 수 있음을 고백할 수 있습니다.

1. 말씀 찾기

성경이 말하는 평안은 무엇인지 성경구절을 찾아봅시다.

찾아볼 성경 말씀	성경이 말하는 평안
이사야 57:21	
빌립보서 4:6~7	
시편 119:165	

2. 몸풀기

'눈 감고 한 발로 서기 게임'을 해봅시다.

게임 방법은 선생님께 들으세요.

3. 생각해 보기

예수님의 제자들과 나의 공통점, 차이점을 찾아보세요.

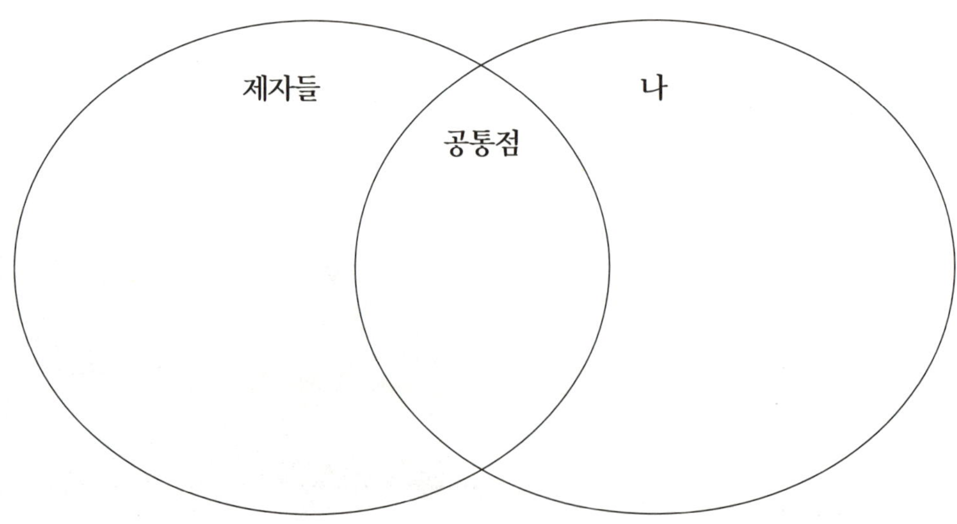

12과 예수 안에 평안을 누리자

1. **성경본문** | 요한복음 14:27

2. **외울 말씀** | "평안을 너희에게 끼치노니 곧 나의 평안을 너희에게 주노라 내가 너희에게 주는 것은 세상이 주는 것과 같지 아니하니라 너희는 마음에 근심하지도 말고 두려워하지도 말라" (요한복음 14:27)

외울말씀
크리스천리더가스펠챈트12

3. **공과 주제** |
   1. 평안을 주시는 예수님이 누구신지 알 수 있습니다.
   2. 주님이 주시는 평안은 조건에 달려 있지 않음을 깨달을 수 있습니다.
   3. 예수님을 바라봄으로 평안할 수 있음을 고백할 수 있습니다.

1. 말씀 찾기

성경이 말하는 평안은 무엇인지 성경구절을 찾아봅시다.

찾아볼 성경 말씀	성경이 말하는 평안
이사야 57:21	
빌립보서 4:6~7	
시편 119:165	

2. 몸풀기

'눈 감고 한 발로 서기 게임'을 해봅시다.

게임 방법은 선생님께 들으세요.

3. 생각해 보기

예수님의 제자들과 나의 공통점, 차이점을 찾아보세요.

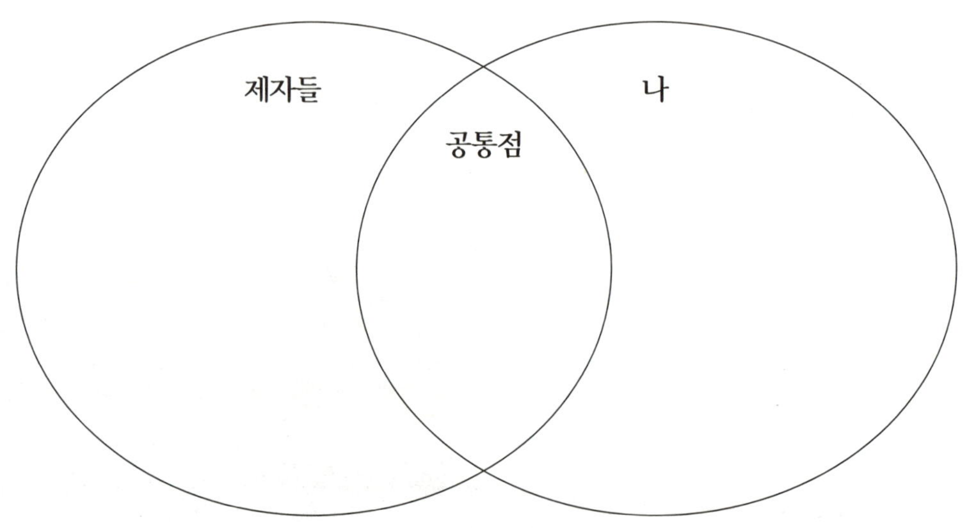

4. 성경속으로

1. 제자들은 왜 폭풍 속에서 평안하지 못했을까요?
   반대로 예수님은 폭풍 속에서도 어떻게 주무실 수 있었을까요?

→

→

2. 예수님이 누구신지 바르게 알고 믿는 것이 중요합니다.
   베드로는 예수님이 어떤 분이라고 고백했고 그 의미는 무엇인지 함께 생각해봅시다.

5. 성경 Action

1. 나는 언제 마음에 평안을 누리나요? 우리가 평안하지 못하는 이유는 무엇일까요?

2. 어렵고 힘들고 괴로운 순간에도 웃음을 잃지 않고 기쁨과 감사를 고백할 수 있는 방법은 무엇이 있을까요? 생각해보고 나눠봅시다.

13과 나는 학교에서도 그리스도인입니다

1. **성경본문** | 마태복음 5:13~14

2. **외울 말씀** | "너희는 세상의 소금이니 소금이 만일 그 맛을 잃으면 무엇으로 짜게 하리요 후에는 아무 쓸 데 없어 다만 밖에 버려져 사람에게 밟힐 뿐이니라 너희는 세상의 빛이라 산 위에 있는 동네가 숨겨지지 못할 것이요" (마태복음 5:13~14)

3. **공과 주제** |

    1. 그리스도인다운 것이 무엇인지 알 수 있습니다.
    2. 우리는 세상에서도 그리스도인이라는 사실을 깨달을 수 있습니다.
    3. 세상에서 당당하게 내가 그리스도인임을 고백할 수 있습니다.

1. 말씀 찾기

성경이 말하는 변화된 사람은 누구인지 성경구절을 찾아봅시다.

찾아볼 성경 말씀	성경이 말하는 변화된 사람
요한복음 19:39	
사도행전 4:19	
사도행전 9:20	
디모데후서 4:11	

2. 몸풀기

'사랑의 말 전달하고 다양한 하트 만들기 게임'을 해봅시다. 게임 방법은 선생님께 들으세요.

3. 생각해 보기

1. 나에게 있는 나쁜 습관과 좋은 습관은 무엇인가요?

2. 새해가 되면 사람들은 한해의 다짐을 합니다. 작심삼일로 끝나는 다짐은 무엇이 있을까요?

4. 성경속으로

1. '그리스도인'이라는 말은 어디서 사용되었고 그 의미는 무엇일까요? (사도행전 11:26)

장소 : ㅇ ㄷ ㅇ 교회

의미 : 그리스도의 ㅈ ㅈ (그리스도께 속한 자)

2. 그리스도인들을 세상과 구별되게 만드는 성령의 열매와 본받지 말아야 할 육신의 열매는 무엇인가요?

성령의 열매 (갈라디아서 5:22~23)　　육신의 열매 (갈라디아서 5:19~21)

3. 흠잡을 데가 없었던 선한 영향력의 사람 다니엘, 그가 평상시에도 그리스도인의 모습으로 살 수 있었던 이유는 무엇일까요?

5. 성경 Action

1. 내가 세상을 변화시킬 수 있는 방법이 있을까요?
내가 있는 자리에서 그리스도인답게 행동할 수 있는 것은 무엇이 있을까요?

2. 나에게 예배는 무엇인가요?

14과 우상숭배는 고통의 원인

1. **성경본문** | 열왕기상 17:1

2. **외울 말씀** | "길르앗에 우거하는 자 중에 디셉 사람 엘리야가 아합에게 말하되 내가 섬기는 이스라엘의 하나님 여호와께서 살아 계심을 두고 맹세하노니 내 말이 없으면 수 년 동안 비도 이슬도 있지 아니하리라 하니라" (열왕기상 17:1)

3. **공과 주제** |

   1. 우상숭배가 무엇인지 알 수 있습니다.
   2. 왜 우상숭배가 큰 죄인지 깨달을 수 있습니다.
   3. 하나님만이 살아계신 유일한 신이심을 고백할 수 있습니다.

1. 말씀 찾기

우상숭배하는 이스라엘 백성들의 모습을 성경에서 찾아봅시다.

찾아볼 성경 말씀	우상숭배하는 이스라엘 백성들의 모습
사사기 2:13	
사무엘상 28:7	
열왕기하 17:16	

2. 몸풀기

'공든 탑이 무너진다 게임'을 해봅시다.
게임 방법은 선생님께 들으세요.

3. 생각해 보기

주변에서 아래의 사진과 같은 모습을 본 적이 있나요? 사람들은 왜 이런 행동을 할까요?

그 이유를 생각해보아요.

4. 성경속으로

1. 이스라엘 백성들이 섬겼던 우상은 무엇이 있을까요? 우상과 그에 대한 설명이 서로 옳은 것끼리 줄을 그어보세요(왕상 11:33, 삿 2:13).

풍요와 다산의 신이자 전쟁을 주관하는 신으로 여김

사랑과 쾌락, 풍요와 다산을 주관, 아프로디테와 동일시 됨

자식을 제물로 드려 불 가운데로 지나게 하는 인신제사 지냄

2. 이스라엘 백성들은 왜 우상을 섬겼고 우상을 섬긴 대가는 무엇이었나요?

우상을 섬긴 이유	우상을 섬긴 대가	
	삿 2:14	
	신 4:26	

5. 성경 Action

1. 나는 무엇 때문에 예배를 빠진 적이 있는지 나눠봅시다.

2. “괜찮아”, “한 번만”, “다 그렇게 해”라는 유혹을 어떻게 이길 수 있을까요?

15과 나아만 장군의 순종

1. **성경본문** | 열왕기하 5:14

2. **외울 말씀** | "나아만이 이에 내려가서 하나님의 사람의 말대로 요단 강에 일곱 번 몸을 잠그니 그의 살이 어린 아이의 살 같이 회복되어 깨끗하게 되었더라" (열왕기하 5:14)

3. **공과 주제** |

   1. 순종이 어려운 이유를 알 수 있습니다.
   2. 순종에는 반드시 대가가 있음을 깨달을 수 있습니다.
   3. 순종의 삶으로 나의 믿음을 고백할 수 있습니다.

1. 말씀 찾기

성경에 나오는 치유의 기적들은 무엇인지 성경구절을 찾아봅시다.

찾아볼 성경 말씀	성경에 나오는 치유의 기적들
열왕기하 20:7	
요한복음 9:6	
마가복음 5:34	

2. 몸풀기

'가라사대 게임'을 해봅시다.
게임 방법은 선생님께 들으세요.

3. 생각해 보기

다음과 같은 상황에서는 누구의 말을 잘 들을까요? 맞는 그림에 동그라미를 쳐보세요.

4. 성경속으로

1. 제자들은 어떻게 예수님의 말씀에 순종할 수 있었을까요? 아래의 그림에 시간 순서대로 번호를 붙여보세요(요 21:1~6).

( ) ( ) ( )

2. 나아만 장군에게 어떤 일이 일어났나요? 오늘 말씀을 기억하며 아래 상자에 답을 써봅시다.

성경에서 '나병'이란?	
나아만이 고침받은 이유	
요단강과 7의 의미	

5. 성경 Action

1. 나는 주로 언제 하나님을 찾나요(기도하나요)?

2. 하나님의 말씀이 내 경험, 상식과 다를 때 나는 순종할 수 있을까요?

16과 욥의 고난과 극복

1. **성경본문** | 욥기 1:12

2. **외울 말씀** | "여호와께서 사탄에게 이르시되 내가 그의 소유물을 다 네 손에 맡기노라 다만 그의 몸에는 네 손을 대지 말지니라 사탄이 곧 여호와 앞에서 물러가니라" (욥기 1:12)

3. **공과 주제** |

   1. 고난의 이유를 알 수 있습니다.
   2. 고난을 극복하는 사람에게 하나님의 복이 임하게 됨을 깨달을 수 있습니다.
   3. 믿음으로 고난을 극복해 낼 수 있음을 고백할 수 있습니다.

1. 말씀 찾기

고난을 극복한 사람들은 누구인지 성경구절을 찾아봅시다.

찾아볼 성경 말씀	고난을 극복한 사람들
에스더 4:16	
열왕기상 19:5	
사도행전 16:24~26	

2. 몸풀기

'눈싸움 게임'을 해봅시다.

게임 방법은 선생님께 들으세요.

3. 생각해 보기

내가 잘 참을 수 있는 것과 잘 참을 수 없는 것은 무엇인가요?

내가 잘 참을 수 있는 것	내가 잘 참을 수 없는 것
① ② ③	① ② ③

4. 성경속으로

1. 인내의 사람 욥, 과연 그에게 무슨 일이 일어난 것일까요?
   욥기 1장을 읽어보고 아래의 그림이 어떤 상황인지 설명해보세요.

2. 욥을 통해 알 수 있는 고난의 이유는 무엇일까요? 아래의 상자에서 단어를 완성해보세요.

세상		하나님
권선ㅈㅇ	ㅇㅅ응보	ㅈㄱ과섭리
착한 행실은 칭찬하고 악한 행실은벌한다.	원인과 결과에는 반드시 합당한 이유가 있다.	이 세상의 주인은 오직 하나님이십니다. 하나님은 자신의 뜻대로 이 세상을 다스리십니다.

5. 성경 Action

1. 견디기 힘든 고난을 받은 적이 있나요? 그때 나는 어떻게 반응했나요?

2. 억울한 일을 이겨낼 수 있는 방법이 있을까요? 있다면 무엇인지 적어보고 나눠보세요.

17과 한나의 기도

1. **성경본문** | 사무엘상 1:20

2. **외울 말씀** | "한나가 임신하고 때가 이르매 아들을 낳아 사무엘이라 이름하였으니 이는 내가 여호와께 그를 구하였다 함이더라" (사무엘상 1:20)

3. **공과 주제** |
   1. 기도의 의미를 알 수 있습니다.
   2. 기도는 내 뜻만 정성껏 하나님께 구하는 것이 아님을 깨달을 수 있습니다.
   3. 성경이 말하는 바른 기도로 기도할 수 있습니다.

1. 말씀 찾기

기도를 쉬지 않은 사람들은 누구인지 성경구절을 찾아봅시다.

찾아볼 성경 말씀	기도를 쉬지 않은 사람들
시편 109:26	
다니엘 6:10	
사도행전 12:5	

2. 몸풀기

'텔레파시 게임'을 해봅시다.

게임 방법은 선생님께 들으세요.

3. 생각해 보기

1. 아래 그림에 두 사람의 기도에는 어떤 차이가 있을까요?

2. 내가 하루 중 미디어 매스컴을 사용하는 시간은 얼마나 되나요?

TV시청	잠	공부	스마트폰	기도

4. 성경속으로

1. 아래의 그림에서 한나는 어떤 마음으로 하나님께 기도했을지 옳은 것을 골라보세요.

① 한나는 화가나는 마음으로 기도했다
② 한나는 간절한 마음으로 기도했다
③ 한나는 귀찮은 마음으로 기도했다
④ 한나는 억울한 마음으로 기도했다

2. 기도는 무엇이고 왜 해야 할까요? 에스겔 36장 36~37절을 찾아보고 아래의 문장을 완성 해보세요.

기도는 ㅎ ㄴ ㄴ 의 ㄸ 을 찾아가는 것이다.

5. 성경 Action

1. 나에게 기도는 무엇인가요? 아래의 빈칸에 나의 생각을 적어봅시다.

2. 나는 언제 무엇을 위해 기도하나요? 사람들이 기도를 하지 않는 이유는 무엇일까요?

18과 하나님이 함께하시는 자가 되라

1. **성경본문** | 마태복음 28:20

2. **외울 말씀** | "내가 너희에게 분부한 모든 것을 가르쳐 지키게 하라 볼지어다 내가 세상 끝날까지 너희와 항상 함께 있으리라 하시니라" (마태복음 28:20)

3. **공과 주제** |

   1. 하나님께서는 하나님의 뜻대로 행하는 자와 함께 하심을 알 수 있습니다.
   2. 하나님이 함께 하시는 사람은 놀라운 능력을 행할 수 있음을 깨달을 수 있습니다.
   3. 세상에서 구별된 사람으로 살아갈 수 있습니다.

1. 말씀 찾기

성경이 말하는 하나님이 함께하셨던 영웅들은 누구인지 성경구절을 찾아봅시다.

찾아볼 성경 말씀	하나님이 함께하셨던 영웅들
열왕기하 4:43~44	
다니엘 3:18	
사도행전 12:5	

2. 몸풀기

'아바타 게임'을 해봅시다.

게임 방법은 선생님께 들으세요.

3. 생각해 보기

만약 여러분이 초능력을 가질 수 있다면 어떤 초능력을 갖고 싶나요?

그 초능력을 갖고 싶은 이유는 무엇인가요?

거미처럼 슉슉!

아이언맨 슈트!

어마어마한 힘!

4. 성경속으로

1. 삼손은 어떤 사람일까요? 오늘 말씀을 기억하며 아래의 문제를 맞혀보세요.

1. 아버지의 이름	
2. 독주,포도주,부정한 음식 금지	
3. 나귀턱뼈로 블레셋 사람 몇 명을 죽였나요?	
4. 삼손의 힘의 비밀을 알아 낸 여인은 누구인가요?	
5. 삼손은 이스라엘의 사사로 몇 년을 지냈나요	
6. 삼손에게서 힘이 사라진 이유는 무엇인가요?	

2. 하나님께서 함께하시는 사람의 특징은 무엇일까요? 생각해보고 적어봅시다.

①

②

③

5. 성경 Action

1. 나는 나실인처럼 구별되게 살아가고 있나요?

2. 어떻게 구별된 모습으로 살아가고 있나요?

19과 기도는 하나님 마음을 움직인다

1. **성경본문** | 이사야 38:3

2. **외울 말씀** | "이르되 여호와여 구하오니 내가 주 앞에서 진실과 전심으로 행하며 주의 목전에서 선하게 행한 것을 기억하옵소서 하고 히스기야가 심히 통곡하니" (이사야 38:3)

3. **공과 주제** |
   1. 하나님의 뜻에 합당한 기도는 반드시 응답됨을 알 수 있습니다.
   2. 하나님이 들으시는 기도와 듣지 않으시는 기도가 무엇인지 깨달을 수 있습니다.
   3. 쉬지 않고 기도함으로 살아갈 수 있습니다.

1. 말씀 찾기

성경이 말하는 기도 응답은 무엇인지 성경구절을 찾아봅시다.

찾아볼 성경 말씀	성경이 말하는 기도 응답
열왕기상 18:37~38	
사사기 16:28	
야고보서 4:3	

2. 몸풀기

'듣고 따라하기 게임'을 해봅시다.

게임 방법은 선생님께 들으세요.

3. 생각해 보기

내가 원하는 모든 기도가 응답된다면 어떤 일이 일어날까요?

4. 성경속으로

1. 내가 히스기야와 같은 상황이었다면 어떻게 했을까요? 솔직한 마음을 적어보세요.

하나님의 말씀 : 네 집에 유언하라 네가 죽고 살지 못하리라 (사 38:1)	히스기야의 반응	나의 반응
	하나님만 바라보며 기도	

2. 하나님은 어떤 기도를 들으시고 어떤 기도는 듣지 않으실까요?

마태복음 6:33, 누가복음 11:13	야고보서 4:2~3
ㅎ ㄴ ㄴ 의 ㄸ , ㅅ ㄹ	ㅇ ㅅ

5. 성경 Action

1. 기도는 모두 응답될까요?
   또한 내가 하는 기도가 모두 "YES"가 되는 것이 기도 응답일까요?

2. 기도제목이 있다면 나눠봅시다. 또한 기도 응답을 받은 경험을 이야기해봅시다.

20과 고멜과 호세아

1. **성경본문** | 호세아 4:6

2. **외울 말씀** | "내 백성이 지식이 없으므로 망하는도다 네가 지식을 버렸으니 나도 너를 버려 내 제사장이 되지 못하게 할 것이요 네가 네 하나님의 율법을 잊었으니 나도 네 자녀들을 잊어버리리라" (호세아 4:6)

3. **공과 주제** |
   1. 사랑과 용서의 하나님임을 알 수 있습니다.
   2. 하나님께서 참고 기다리는 것은 우리가 회개하고 돌아오라는 것임을 깨달을 수 있습니다.
   3. 우리도 사랑과 용서의 삶을 살아갈 수 있습니다.

1. 말씀 찾기

성경이 말하는 사랑과 용서의 사람들은 누구인지 성경구절을 찾아봅시다.

찾아볼 성경 말씀	성경이 말하는 사랑과 용서의 사람들
창세기 50:19~21	
출애굽기 32:31~32	
사도행전 7:60	

2. 몸풀기

'이웃을 사랑하십니까? 게임'을 해봅시다.
게임 방법은 선생님께 들으세요.

3. 생각해 보기

내가 참을 수 있는 것과 참을 수 없는 것 3가지를 이야기해봅시다.

참을 수 있는 것	참을 수 없는 것
①	①
②	②
③	③

4. 성경속으로

1. 오늘 배운 말씀을 기억하면서 아래의 정답을 맞혀보세요.

당시 북이스라엘의 영적 상태는 어땠나요?	
호세아는 누구하고 결혼했나요?	
호세아는 왜 고멜을 데리고 왔나요?	

2. 하나님께서 호세아 선지자의 가정을 통해 말씀하시고자 한 것은 무엇인가요?(호 6:1) 아래의 암호를 풀어보세요.

방법 : 왼쪽 숫자와 짝을 이룬 알파벳을조합해서 영문 단어를 만드세요											
7	8	9	1	2	3	4	5	6	7	8	9
4	5	6	M	O	C	A	B	E	!	K	C
1	2	3									

정답 :

5. 성경 Action

1. 하나님께 돌아간다는 것은 어떤 의미일까요?

2. 하나님께서는 왜 지금도 참고 기다리고 계실까요?

21과 요나의 전도

1. **성경본문** | 요나 1:1~2

2. **외울 말씀** | "여호와의 말씀이 아밋대의 아들 요나에게 임하니라 이르시되 너는 일어나 저 큰 성읍 니느웨로 가서 그것을 향하여 외치라 그 악독이 내 앞에 상달되었음이니라 하시니라" (요나 1:1~2)

3. **공과 주제** |

   1. 하나님께서는 차별없이 모든 사람을 사랑하심을 알 수 있습니다.
   2. 모든 사람들에게 복음이 전파되는 것이 하나님의 뜻임을 깨달을 수 있습니다.
   3. 복음의 증인으로 살아갈 수 있습니다.

1. 말씀 찾기

성경 속 회개한 사람들은 누구인지 성경구절을 찾아봅시다.

찾아볼 성경 말씀	성경 속 회개한 사람들
역대하 34:33	
사도행전 2:41	
사도행전 16:32~33	

2. 몸풀기

'입 크게 벌리기 게임'을 해봅시다.

게임 방법은 선생님께 들으세요.

3. 생각해 보기

전도하면 무엇이 생각나나요? 또한 전도를 하지 못하게 만드는 이유는 무엇일까요?

전도하면 생각나는 것	전도를 안하게 되는 이유
①	①
②	②
③	③

4. 성경속으로

1. 요나는 왜 그렇게 앗수르를 싫어했을까요? 만약 내가 요나였다면 어떻게 했을까요?

2. 아래 그림에 요나의 모습을 보면서 요나의 속마음은 어땠을지 생각해봅시다.

다시스로 가는 배를 만난 요나

매우 싫어하고 성내는 요나

5. 성경 Action

1. 나를 괴롭히는 사람이 잘됐으면 하는 마음이 있나요, 잘 안 됐으면 하는 마음이 있나요?

2. 하나님의 사랑은 차별이 있을까요?

22과 다윗과 골리앗

1. **성경본문** | 사무엘상 17:45

2. **외울 말씀** | "다윗이 블레셋 사람에게 이르되 너는 칼과 창과 단창으로 내게 나아 오거니와 나는 만군의 여호와의 이름 곧 네가 모욕하는 이스라엘 군대의 하나님의 이름으로 네게 나아가노라" (사무엘상 17:45)

3. **공과 주제** |
   1. 하나님이 함께 하실 때 승리할 수 있음을 알 수 있습니다.
   2. 그리스도인은 세상과 다른 방법으로 사는 존재임을 깨달을 수 있습니다.
   3. 믿음의 물매로 골리앗을 이길 수 있습니다.

1. 말씀 찾기

성경이 말하는 하나님께서 함께 한 사람들은 누구인지 성경구절을 찾아봅시다.

찾아볼 성경 말씀	성경이 말하는 하나님께서 함께 한 사람들
출애굽기 5:2	
민수기 14:9	
사사기 7:15	

2. 몸풀기

'병뚜껑 알까기 게임'을 해봅시다.

게임 방법은 선생님께 들으세요.

3. 생각해 보기

길에서 호랑이를 만났습니다. 무서워하지 않을 수 있는 방법은 무엇이 있을까요?

무서워 하지 않을 수 있는 방법
①
②
③

4. 성경속으로

1. 다윗과 골리앗은 어떤 인물이었을까요? 아래의 그림에 빈칸을 채워보세요.

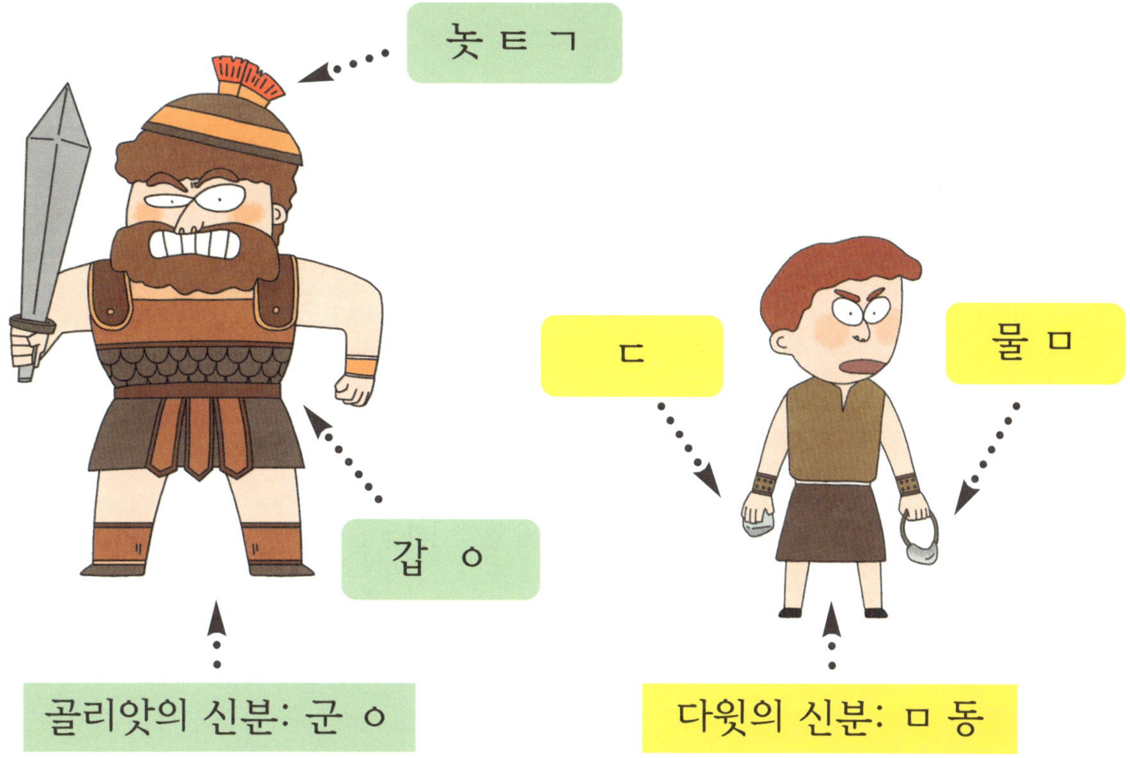

2. 다윗이 골리앗을 이길 수 있었던 이유는 무엇인가요?

**서술형 말고 문제를 풀수 있는 걸로 바꾸기

5. 성경 Action

1. 나에게 다윗과 같은 물매가 있나요? 세상을 이길 수 있는 무기는 무엇일까요?

2. 나에게 있는 골리앗은 무엇인가요?

23과 아브라함의 믿음

1. **성경본문** | 창세기 22:2

2. **외울 말씀** | "여호와께서 이르시되 네 아들 네 사랑하는 독자 이삭을 데리고 모리아 땅으로 가서 내가 네게 일러 준 한 산 거기서 그를 번제로 드리라" (창세기 22:2)

3. **공과 주제** |

   1. 믿음의 사람은 하나님의 말씀에 순종할 수 있음을 알 수 있습니다.
   2. 이해가 돼서 순종하는 것이 아니라 하나님의 말씀이기에 순종해야 함을 깨달을 수 있습니다.
   3. 아브라함처럼 하나님의 약속을 믿음으로 순종할 수 있습니다.

1. 말씀 찾기

성경 속 믿음의 거인들은 누구인지 성경구절을 찾아봅시다.

찾아볼 성경 말씀	성경 속 믿음의 거인들
창세기 4:4	
창세기 6:22	
히브리서 11:24~25	

2. 몸풀기

'숨은그림 찾기'를 해봅시다. 게임 방법은 선생님께 들으세요.

<숨은그림>
구두, 뱀, 버섯, 오징어, 왕관

3. 생각해 보기

나에게 별명이 있나요? 그 별명이 붙여진 이유는 무엇인가요?
또한 아브라함에게는 어떤 별명이 있었나요?

아브라함의 별명	나의 별명

4. 성경속으로

1. 아래의 그림을 보면서 아브라함이 보여준 믿음의 자세는 어떤 것인지 단어를 채워보세요.

2. 내가 가장 소중하게 여기는 보물은 무엇인가요? 또한 그것이 소중한 이유는 무엇인가요?

나에게 가장 소중한 보물
①
②
③

5. 성경 Action

1. 성경에서 믿어지지 않는 것들이 있나요? 왜 믿어지지 않는다고 생각하나요?

2. 하나님의 약속은 반드시 이루어질까요?

24과 감옥에서 나온 베드로

1. **성경본문** | 사도행전 12:5

2. **외울 말씀** | "이에 베드로는 옥에 갇혔고 교회는 그를 위하여 간절히 하나님께 기도하더라" (사도행전 12:5)

3. **공과 주제** |

   1. 합력하여 선을 이룰 수 있음을 알 수 있습니다.
   2. 하나님께서는 친구를 위한 중보기도를 들으심을 깨달을 수 있습니다.
   3. 도움이 필요한 친구를 위해 기도할 수 있습니다.

1. 말씀 찾기

성경이 말하는 중보기도는 무엇인지 성경구절을 찾아봅시다.

찾아볼 성경 말씀	성경이 말하는 중보기도
출애굽기 32:32	
마가복음 2:5	
고린도후서 1:11	

2. 몸풀기

'합력하여 종이컵을 쌓아라 게임'을 해봅시다.

게임 방법은 선생님께 들으세요.

3. 생각해 보기

교회는 무엇을 하는 곳일까요?

내가 생각하는 교회는?	교회의 3대 표시
	① 바른 말씀 선포 ② 바른 성례 시행 ③ 바른 권징 시행

4. 성경속으로

1. 베드로가 감옥에서 나오기 위해서는 무엇이 필요할까요? 아래의 그림 중 올바른 것을 골라보세요(행 12장).

꾀 기도 힘

2. 예수님은 교회를 어떤곳이라고 하셨나요? 아래의 단어를 완성해보고 그 말의 뜻은 무엇인지 생각해보아요.

내 집은 ㅁ ㅁ 이 ㄱ ㄷ 하는 ㅈ 이라 (막 11:17)

5. 성경 Action

1. 혼자 기도해도 되지 않나요? 꼭 함께 모여 중보기도를 해야 하나요?

2. 주변에 중보기도가 필요한 친구가 있나요? 그 친구를 위해 함께 기도합시다.

25과 구원받은 고넬료와 가족

1. **성경본문** | 사도행전 10:2

2. **외울 말씀** | "그가 경건하여 온 집안과 더불어 하나님을 경외하며 백성을 많이 구제하고 하나님께 항상 기도하더니" (사도행전 10:2)

3. **공과 주제** |

   1. 구원은 하나님의 은혜임을 알 수 있습니다.
   2. 고넬료 사건을 통해 예수님을 믿는 이방인들에게도 구원의 은혜가 임하게 되었음을 깨달을 수 있습니다.
   3. 하나님께 은혜를 받은 우리는 감사하며 살아갈 수 있습니다.

1. 말씀 찾기

성경에 나온 하나님의 은혜를 받은 사람들은 누구인지 성경구절을 찾아봅시다.

찾아볼 성경 말씀	성경에 나온 하나님의 은혜를 받은 사람들
창세기 6:8	
누가복음 1:28	
사도행전 13:22	

2. 몸풀기

'주인공을 찾아라 게임'을 해봅시다. 게임 방법은 선생님께 들으세요.

3. 생각해 보기

여러분은 아래의 그림이 어떻게 보이나요? 왜 사람마다 다르게 보일까요?

③

4. 성경속으로

아래의 글은 고넬료에 대한 뉴스기사입니다.
아래의 내용 중 잘못된 곳을 찾아 올바르게 고쳐보아요.

시청자 여러분, 안녕하십니까? 저는 지금 초대교회 역사상 가장 놀라운 은혜의 현장에 도착했습니다. 그리고 이곳에서 **고넨요**라는 사람을 만날 수 있었는데요. **고넨요**는 **유대인**입니다. **고넨요**가 어떤 방법으로 복음을 듣고 예수님을 믿었는지 알 수는 없지만 성경은 **고넨요**가 하나님을 믿는 경건한 사람이라고 분명히 말하고 있습니다.
고넨요는 어느 날, **책**을 보았다고 합니다. 그리고 이 **책**을 통해 **고넨요**는 욥바에 있는 베드로를 청하라는 말씀을 듣고 즉시 하인 둘과 부하 한 명을 욥바로 보냅니다 …….

5. 성경 Action

1. 고넬료가 받은 은혜는 무엇인가요?

2. 이방인이었던 고넬료가 예수님을 믿는 것은 쉽지 않았을 것입니다.
   여러분들이나 가족들은 어떻게 예수님을 믿게 되었나요?

26과 성령으로 변화된 베드로

1. **성경본문** | 사도행전 2:4

2. **외울 말씀** | "그들이 다 성령의 충만함을 받고 성령이 말하게 하심을 따라 다른 언어들로 말하기를 시작하니라" (사도행전 2:4)

3. **공과 주제** |
   1. 성령을 받은 그리스도인의 삶은 변화된다는 사실을 알 수 있습니다.
   2. 성령의 사람은 삶 속에서 그리스도의 흔적을 보여주며 살아갈 수 있습니다.

1. 말씀 찾기

성경에 나타난 성령님의 능력은 무엇인지 성경구절을 찾아봅시다.

찾아볼 성경 말씀	성경에 나타난 성령님의 능력
요한일서 4:7	
사도행전 19:12	
마태복음 14:4	

2. 몸풀기

'다른 그림 찾기 게임'을 해봅시다.

게임 방법은 선생님께 들으세요.

3. 생각해 보기

내가 사람들에게 숨길 수 없는 것은 무엇이 있을까요? 아래의 그림에서 골라보세요.

4. 성경속으로

1. 아래의 그림을 보고 베드로가 변화된 순서대로 번호를 적어보세요.

(   )   (   )   (   )   (   )

2. 여러분은 주변 사람들에게 어떤 사람으로 기억되고 싶은 가요? 묘비에 적어보아요.

5. 성경 Action

1. 100여년 전 이 땅에 이방인 선교사들이 죽음을 무릎쓰고 조선에 와서 복음을 전한 이유는 무엇일까요?

2. 예수님을 믿고 난 다음 변화된 나의 모습이 있나요? 친구들과 이야기해봅시다.